¡Protege a las tortugas verdes!

Grace Hansen

Abdo
**PEQUEÑOS ACTIVISTAS:
ESPECIES EN PELIGRO**
Kids

Abdo Kids Jumbo es una subdivisión de Abdo Kids
abdobooks.com

abdobooks.com

Published by Abdo Kids, a division of ABDO, P.O. Box 398166, Minneapolis, Minnesota 55439.
Copyright © 2020 by Abdo Consulting Group, Inc. International copyrights reserved in all countries.
No part of this book may be reproduced in any form without written permission from the publisher.
Abdo Kids Jumbo™ is a trademark and logo of Abdo Kids.

052019
092019

 THIS BOOK CONTAINS
RECYCLED MATERIALS

Spanish Translator: Maria Puchol

Photo Credits: Alamy, iStock, Minden Pictures, National Geographic Creative, Shutterstock

Production Contributors: Teddy Borth, Jennie Forsberg, Grace Hansen

Design Contributors: Dorothy Toth, Laura Mitchell

Library of Congress Control Number: 2018968171
Publisher's Cataloging-in-Publication Data

Names: Hansen, Grace, author.
Title: ¡Protege a las tortugas verdes!/ by Grace Hansen.
Other title: Help the green turtles. Spanish
Description: Minneapolis, Minnesota : Abdo Kids, 2020. | Series: Pequeños activistas: especies en peligro
Identifiers: ISBN 9781532187544 (lib.bdg.) | ISBN 9781532188527 (ebook)
Subjects: LCSH: Green turtle--Juvenile literature. | Wildlife recovery--Juvenile literature. | Endangered
    species--Juvenile literature. | Black sea turtle--Juvenile literature. | Marine environmental
    protection--Juvenile literature. | Spanish language materials--Juvenile literature.
Classification: DDC 333.954--dc23

Contenido

Tortugas verdes

Las tortugas verdes son tortugas marinas. Por lo general viven cerca de la costa en océanos de aguas cálidas.

4

Las tortugas verdes pueden llegar a pesar 700 libras (318 kg). A diferencia de la mayoría de tortugas marinas, sólo comen plantas.

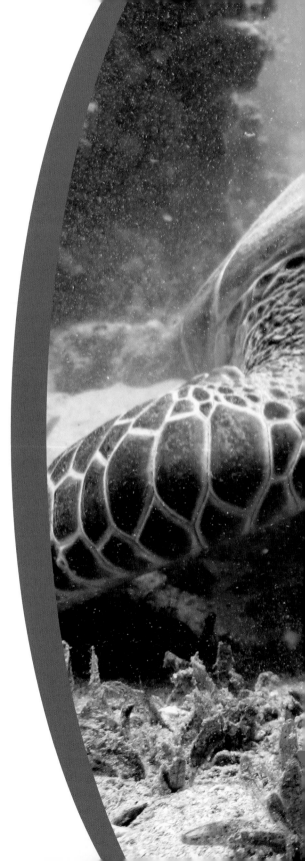

Estado actual de conservación

Las tortugas verdes están **en peligro de extinción** por todo el mundo. Especialmente las que viven en el mar Mediterráneo.

Amenazas

Las tortugas verdes se enfrentan a constantes amenazas. Muchas son capturadas por su carne y sus caparazones. Algunas veces les roban los huevos.

10

La **contaminación** es otra amenaza. Las tortugas verdes pueden accidentalmente comer plásticos. Reciclar y reducir el uso de plásticos es importante.

13

Las tortugas verdes pueden verse enredadas en redes de pescar. Se han diseñado redes especiales para que no se capturen tortugas accidentalmente.

14

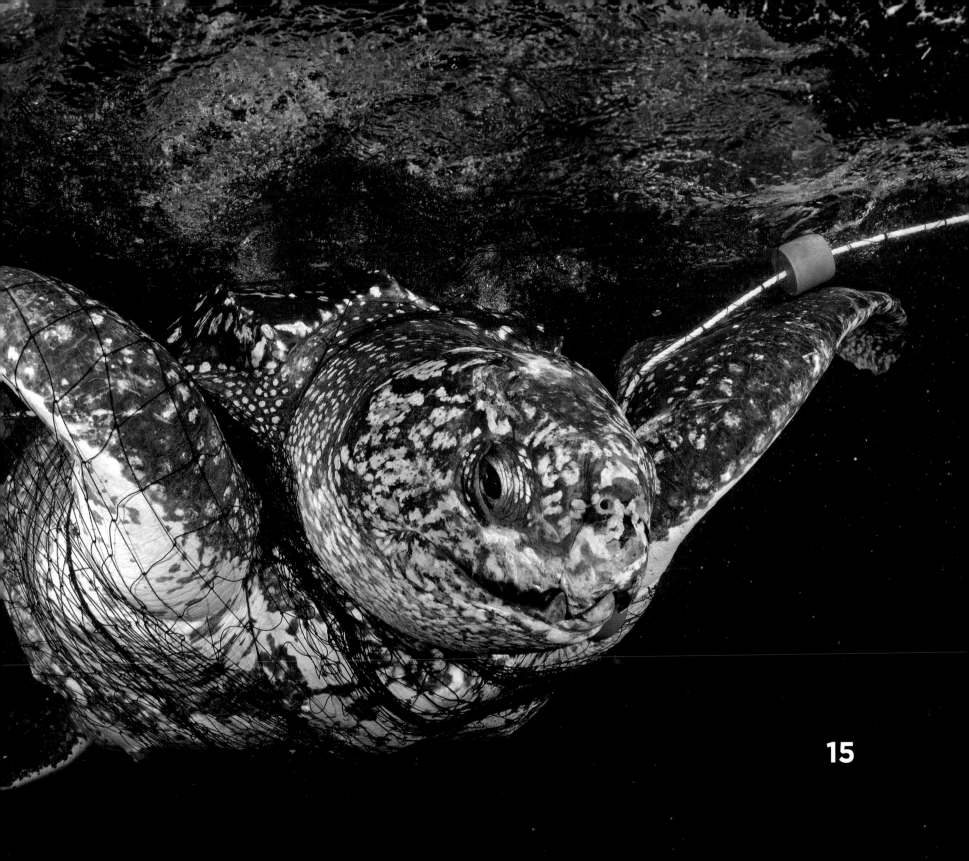

Las tortugas verdes pueden vivir más de 80 años. No pueden poner huevos hasta los 30 años de edad más o menos. Hay que protegerlas durante muchos años para que la población pueda crecer.

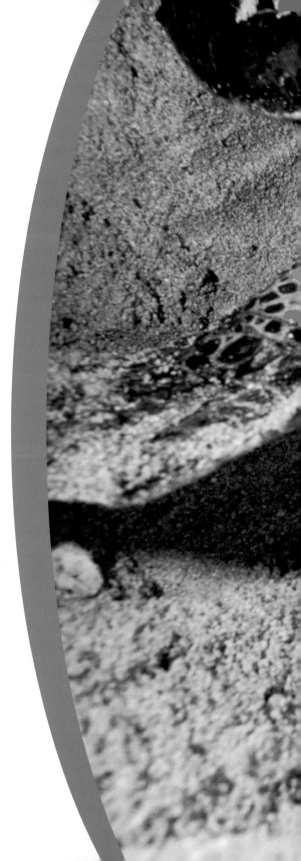

Por qué son importantes

Las tortugas verdes marinas comen **hierbas marinas**. Así se mantienen sanas estas plantas. Muchos otros animales marinos usan esas hierbas marinas como hogar.

18

Afortunadamente, la población de tortugas verdes va en aumento. Parece que están anidando más cada año. ¡Ese número creciente indica que otros hábitats marinos están sanos también!

21

En resumen

- Estado actual de conservación: **en peligro de extinción**

- Población: de 80,000 a 100,000 hembras anidadoras

- Hábitat: aguas océanicas tropicales y subtropicales

- Mayores amenazas: caza ilegal, **contaminación**, redes de pesca y el calentamiento de los mares

Glosario

contaminación – productos tóxicos, desecho y otros materiales contaminantes.

en peligro de extinción – probabilidad de desaparecer.

hierbas marinas – plantas florales que crecen en entornos marinos salados. Son hogar de muchos animales marinos, porducen oxígeno, protegen las costas de la erosión y almacenan dióxido de carbono.

23

Índice

Abdo Kids ONLINE

FREE! ONLINE MULTIMEDIA RESOURCES

¡Visita nuestra página abdokids.com y usa este código para tener acceso a juegos, manualidades, videos y mucho más!

Código Abdo Kids:
LHK2006